I0644205

Hermana, ni el tiempo ni la distancia cambian la cercanía que siento en mi corazón cuando pienso en ti... El vínculo que hemos forjado es para siempre.

Títulos por Marci en español
publicado por
Blue Mountain Arts®

A mi hermana
Un regalo de amor e inspiración
para agradecer
que eres mi hermana

10 cosas simples
que recordar
Una guía de inspiración
para entender la vida

Las amigas son para siempre
Un regalo de pensamientos inspiradores
para agradecerte tu amistad

A mi hermana

Un regalo de amor e inspiración
para agradecer
que eres mi hermana

Marci

Artes Monte Azul™
Blue Mountain Arts, Inc., Boulder, Colorado

Dedicado a mis hermanas que fueron mis primeras amigas, mis maestras, y mi inspiración. Gracias por todo lo que representan en mi vida. ¡Las amo con todo mi corazón!

Número de tarjeta de catálogo de la Biblioteca del Congreso: 2014906539
ISBN: 978-1-59842-839-1

Children of the Inner Light es una marca comercial registrada en los EE.UU. y en otros países. Usada por licencia. Algunas marcas comerciales son usadas por licencia.

Impreso en China.
Primera impresión en español: 2014

Este libro se imprimió en papel reciclado.

Este libro está impreso en papel que ha sido producido especialmente para estar libre de ácido (pH neutro) y no contiene madera triturada ni pulpa no blanqueada. Cumple todos los requisitos del American National Standards Institute, Inc., lo que garantiza que este libro sea duradero y pueda ser disfrutado por generaciones futuras.

Blue Mountain Arts, Inc.
P.O. Box 4549, Boulder, Colorado 80306, EE.UU.

índice

Hermana...

te quiero

Nuestros corazones se han acercado con el paso del tiempo. A través de los altibajos de la vida, hemos llegado a comprender lo que significa tenernos una a la otra. A veces hablamos seguido... a veces no. Parece no importar – sigo sintiendo tu cercanía porque sé que siempre estás allí. Te quiero, Hermana...
¡Qué bendición es que seas mía!

Tú me comprendes

...como sólo puede hacerlo una hermana

Tener una hermana es mucho más que la hermandad. Es esa conexión de almas que nos recuerda que nuestras vidas se unieron por una razón y que nuestros caminos se cruzaron gracias a la mano de Dios. Hay días en que eres una amiga cuando te necesito... Hay días en que eres una madre cuando mi corazón necesita consuelo... Pero todos los días, eres mi hermana... y comprendes mi corazón como sólo puede hacerlo una hermana.

El amor de una hermana florece

año tras año

El amor de una hermana es un regalo que uno desenvuelve un poquito cada año.

Una hermana es un espejo de lo que vendrá y un reflejo de lo que ya pasó.

Una hermana nos muestra el camino por recorrer y conoce la senda que hemos tomado.

Una hermana es la amiga que nos ha acompañado desde que tenemos memoria.

Una hermana es aquella a quien llamamos cuando queremos hablar con alguien que conoce nuestro corazón...

Una hermana comparte con nosotros el camino de la vida, sabiendo de dónde venimos como sólo puede hacerlo una hermana.

Una hermana comprende lo que hay en nuestro corazón como sólo puede hacerlo una hermana.

Una hermana nos ama hoy y mañana como sólo lo hará una hermana.

Una hermana camina a nuestro lado para compartir cada día... se para a nuestro lado cuando nos cuestionamos... y camina en frente nuestro cuando hemos perdido el camino.

Una hermana nos ve nuestro hermoso espíritu que brilla iluminando los días buenos y los malos.

Una hermana hace que la vida sea mucho mejor.

No eres sólo mi hermana...

eres mi mejor amiga

Hemos vivido muchas cosas juntas. Hemos escuchado mutuamente las frustraciones de la otra, consolado las penas de la otra, y dado esperanzas una a la otra de que todo desafío en la vida se puede enfrentar. Nos hemos dado mutuo apoyo, consuelo y por sobre todo, amor. Me alegra mucho que seas mi hermana.

No puedo
explicarte...

lo seguido que
pienso en ti

No creo que pase un día en el que no piense en ti. Pienso en todas las veces que llamaste simplemente para hablar de nuestro mundo loco y atareado, y me siento tan agradecida de tenerte en mi vida. Pienso en cómo siempre te haces cargo de mí... siempre te alegras por mí... y siempre quieres lo mejor para mi vida. Estoy tan orgullosa de decir que eres mi hermana.

Los mejores momentos de mi vida te incluyen a ti

Es importante detenerse de vez cuando y mirar atrás… para ver todos los pasos que dimos en nuestro viaje y pensar en toda la gente que ha caminado a nuestro lado. Cuando miro atrás, me doy cuenta lo importante que has sido siempre como parte de nuestra familia y de mi vida. Estoy agradecida de tener una hermana como tú… todavía a mi lado siempre que te necesito… que siempre quieres lo mejor para mí… y siempre estás lista para compartir lo que sea que depare la vida.

Tú y yo somos amigas, desde antes de saber qué era la amistad. Al crecer y aprender sobre la vida juntas, encontramos una unión especial fundada en la base sólida de la familia, los valores y el amor. Nuestras experiencias nos han traído hasta este lugar en que ahora nos encontramos, donde podemos compartir las cosas previas de nuestra vida, apoyarnos mutuamente en las pruebas de la vida y disfrutar verdaderamente de estar juntas.

El mundo necesita más gente

...como tú

Algunas personas cambian nuestras vidas sin siquiera darse cuenta del efecto que han tenido simplemente por ser ellas mismas. Tu espíritu especial ha dejado una huella en mi vida. Agradezco la manera en que siempre estás dispuesta a compartir tu tiempo... siempre crees en lo mejor de los demás... siempre ves el lado bueno de las cosas... las incontables palabras amables que has pronunciado... todas las cosas consideradas que has hecho... y la manera en que siempre compartes lo especial que eres como persona. ¡El mundo necesita más gente como tú!

Desde el día
que naciste...

has sido una
estrella luminosa

Una luz especial te rodea desde el día que naciste... Brilla intensamente y hace que te destaques en la multitud. Tu corazón está siempre abierto, listo para compartir o simplemente escuchar a quien lo necesite. Tus brazos están siempre listos con un abrazo y para recordar que Dios tiene un plan. Eres una luz intensa que ilumina mi vida. ¡Eres una estrella luminosa!

Me has enseñado

tanto

Me has enseñado que lo que define a una "familia" no se encuentra en un nombre, se encuentra en el corazón.

Me has enseñado a enfrentar la vida con valor y aceptación y que todo saldrá como debería.

Me has enseñado que las cosas que traen felicidad duradera son la fe, la esperanza, el amor y el consuelo de la familia y los amigos.

Eres todo lo que
una hermana puede ser

...y más

Cuando quiero hablar... tu escuchas. Cuando estoy desanimada... me das aliento. Cuando estoy contenta... compartes mi alegría. Cuando estoy triste... tu abrazo me dice que todo estará bien. Conoces mis anhelos más profundos y compartes mis mayores sueños.

Espero que sepas...

que haría lo que sea
por ti

Pase lo que pase
en tu vida, recuerda...
Estoy aquí a tu lado...
Siempre te querré...
Siempre te apoyaré...
Te alentaré a tener esperanzas
sin importar lo difícil que sea la vida y
hasta que la luz vuelva a brillar.
¡Te recordaré que no te rindas
porque hay mucha gente que te quiere más
de lo que las palabras pueden expresar!

Cuando enfrentes los desafíos de la vida...

iré contigo de la mano

Parece que la vida siempre tiene listo un desafío, justo cuando pensamos que todo está andando bien. Quiero que sepas que suceda lo que suceda, siempre estaré a tu lado... Cuando seas fuerte, tendrás mi admiración... Cuando seas débil y tengas miedo, protegeré tu espíritu en mi corazón y te enviaré todas las plegarias y el amor que tenga... Cuando te sientas superada por las posibilidades, estaré allí para apoyar las decisiones que sólo tú puedes tomar... Cuando tengas dudas, las reconoceré y luego encenderé contigo la vela de la esperanza y te recordaré que Dios te acompaña en cada paso del camino.

Cuando necesites aliento...

recuerda estas cosas

Eres más fuerte de lo que crees.

Las adversidades inevitables que se presentan en la vida requieren nuestro valor.

Tienes mucha sabiduría en tu interior.

El plan de Dios se desarrollará en el momento perfecto.

La voz de tu alma te mostrará el camino.

¡Un abrazo mío de corazón te espera del otro lado del teléfono!

Recuerda que eres especial... Hay talentos ocultos en tu interior esperando el momento propicio para manifestarse.

Recuerda soñar... Los sueños son el comienzo de cada gran aventura. Cuando cierres tus ojos y te imagines "a ti misma feliz y exitosa en el futuro", ¡estarás comenzando tu camino!

Recuerda escuchar a tu corazón... Tu corazón es donde encontrarás el valor. Cuando sigas a tu corazón, podrás encontrar desafíos, pero cada uno de tus pasos tendrá guía.

Recuerda que "hoy" es siempre el día más importante... Disfruta cada momento y ¡ojalá que todos tus sueños se hagan realidad!

Un poco de sabiduría
para que lleves
en tu viaje

mientras transitas
el camino de la vida

No importa dónde te lleve la vida, o qué camino elijas, siempre encontrarás desafíos. Así es como es la vida. No existen garantías y no importa cuántas cosas hagas bien, o cuántas reglas cumplas, siempre habrá esa encrucijada en el camino en la que tendrás que elegir entre un camino u otro. Cuando te encuentres allí, ten esto en cuenta: Eres amada... el amor te dará sustento. Eres fuerte... la oración te hará superar cualquier cosa. Eres sabia... el don más grande de todos está en tu interior.

Sé feliz, Hermana

Para ser feliz, mantén estas ideas cerca de tu corazón:

Todos necesitamos algo que hacer... alguien a quien amar... algo que anhelar.

La felicidad se cuela cuando concentras tu atención en algo en lo que eres buena.

Cree que tu trabajo cotidiano, cualquiera sea, marca la diferencia.

Cuando hagas sonreír a alguien, ese sentimiento retornará a ti.

Agradece las pequeñas cosas que son gratis.

La felicidad es una elección.

Le pedí a tu
ángel de la guarda

que te bendiga

Hoy recé por ti y le pedí a tu ángel de la guarda que permanezca a tu lado... para traerte inspiración cuando la vida te desilusione... para llenar tu corazón de determinación cuando la vida interponga obstáculos en tu camino... y para bañarte de gracia y alimentar tu crecimiento espiritual al transitar tu camino en la vida. ¡Le pedí a tu ángel que te envuelva en el amor de Dios todos los días!

Algunas cosas cambian
con el tiempo...

otras nunca
lo hacen

La manera en que me siento cuando estoy contigo es una de esas cosas buenas constantes en mi vida. Tengo una sensación de ser comprendida... tengo una sensación de ser amada y apoyada... y tengo una sensación profunda de gratitud al darme cuenta de haber recibido el maravilloso regalo de un espíritu afín. Algunas cosas cambian con el tiempo... otras nunca lo hacen. Debes saber que la única cosa que no ha cambiado y nunca cambiará es cuánto te quiero.

Compartimos una historia que nos permite comprendernos mutuamente. Hay una familia que nos da una conexión duradera de amor, y hay una cercanía especial que se ha creado entre nosotras al recorrer juntas el camino de la vida.

El año pasa tan rápidamente que es importante detenerse a recordar el sentido de la vida. Nuestras alegrías más grandes se sienten con las personas que amamos y quiero asegurarme de que sepas que tenerte como hermana es un regalo que atesoro siempre.

Me alegra tanto
que siempre
nos tengamos

una a la otra

Aunque seamos distintas en muchos aspectos, somos parecidas en formas que son tan importantes. Nuestros valores, nuestras creencias, y las cosas que valoramos — como la familia, el amor y la fe — crean un lazo que nos une. Podemos recurrir una a la otra en momentos de necesidad... nos damos apoyo mutuo en los desafíos de la vida... y compartimos todas las pequeñas bendiciones de la vida. Me alegra tanto que nos tengamos una a la otra.

Bienaventurada seas
con estos
dones duraderos...

fe, esperanza, amor
y amistad

Bienaventurada seas con todas las cosas buenas de la vida... fe, esperanza, amor y el don de los buenos amigos. Si tienes estas cosas, sean cuales fueren los desafíos que traiga la vida, los superarás. Tu fe iluminará tu camino... la esperanza te mantendrá fuerte... el amor que des a otros te traerá dicha... y tus amistades te recordarán lo que es importante en la vida.

No importa cuánto tiempo pase sin vernos...

siempre estarás en mi corazón

Cada vez que te veo, el tiempo se disuelve. Los momentos preciados regresan a raudales y me recuerdan toda la risa y la dicha que hemos compartido a lo largo de los años. Estoy muy agradecida por esos momentos y por ti.

Sonrío, hermana mía... siempre que pienso en ti

Cuando pienso en ti, me pregunto "¿Qué podría ser mejor que tener alguien con quien hablar que ya sepa todo de mí y me quiera como soy?"

Cuando pienso en ti, me pregunto "¿Qué podría ser más divertido que compartir mi dicha con alguien que se alegra verdaderamente por mí?"

Cuando pienso en ti, me pregunto, "¿Qué podría ser mejor que una amistad que ha sido parte de mi vida desde que somos hermanas?

Cuando pienso en ti, me digo, "¡Somos hermanas!" y me doy cuenta de lo afortunada que soy de compartir este regalo maravilloso contigo.

Gracias por

todo lo que haces

Es difícil poner en palabras
un agradecimiento que exprese
suficientemente todas las veces que
has acudido en mi ayuda... todas las
veces que me has escuchado en lugar
de decirme qué hacer... todas las veces
que me has abrazado para borrar mis
preocupaciones... las risas sin motivo...
todas las lágrimas que has secado.
¡Gracias por todo!

Nunca podría haber...

una hermana mejor que tú

Si hubiese buscado en todo el mundo, no habría podido encontrar una mejor hermana. Eres el ejemplo perfecto del amor, el cariño, la compasión y la preocupación que existe entre hermanas. El solo hablarte me hace sentir mejor y estar contigo me recuerda las cosas más importantes de la vida. ¡Saber que tengo una hermana como tú es el regalo de tener familia y amistad envueltas en amor!

Si estuviera contigo ahora...

esto es lo que haría

Te abrazaría con todo mi corazón y te desearía todas las cosas maravillosas que la vida puede dar... felicidad al comenzar cada día... una familia que te rodee... y muchos amigos que te devuelvan el abrazo.

Hermana,

nuestro vínculo
es para siempre

Ni el tiempo ni la distancia cambian la cercanía que siento en mi corazón cuando pienso en ti. Eres una parte muy importante de mi vida... siempre lista para participar en todo lo que esté sucediendo... siempre abierta a escuchar... siempre presente para compartir una risa o secar algunas lágrimas. ¡Y siempre estoy tan agradecida de tenerte como hermana! El vínculo que hemos forjado es para siempre.

Siempre serás
mi hermana...

y mi amiga
para la eternidad

En la niñez no comprendíamos el regalo que venía envuelto en un plan mayor. El tiempo nos ha enseñado acerca del vínculo que trae el amor, y a través de ese amor hemos elegido la amistad. Hemos aprendido juntas, al compartir los buenos y malos momentos, y sin importar lo que pasara, siempre hubo amor. Siempre serás mi hermana, mi amiga para la eternidad.

Acerca de Marci

Marci comenzó su carrera pintando a mano diseños florales sobre ropa. ¡Nadie se sorprendió más que ella cuando un día, en una sola explosión de inspiración y con un estilo artístico completamente nuevo, sus deliciosos personajes surgieron de su pluma! "Sus cabellos salvajes y alocados son un signo de fortaleza", pensó, "y sus sonrisitas torcidas son entrañables". Rápidamente identificó a los encantadores personajes como Madre, Hija, Hermana, Padre, Hijo, Amigo, Amiga, y así siguiendo hasta completar todas las personas y lugares de la vida. Luego, con sus seres queridos en mente, escribió un sentimiento auténtico y especial para cada uno. Éste sería el comienzo de una maravillosa historia de éxito, que todavía hoy encuentra a Marci escribiendo cada uno de sus versos en la misma forma personal.

Marci es una artista autodidacta que siempre ha disfrutado con la escritura y el arte. Se maravilla al ver cómo sus encantadores personajes y sus mensajes universales de amor han llegado al corazón y las vidas de las personas en todas partes. Sus característicos dibujos pueden verse también en las tarjetas de felicitación, calendarios, señaladores de libros y otros artículos de regalo de Artes Monte Azul.

Para saber más sobre Marci, busca Children of the Inner Light en Facebook o visita su sitio web en www.MARCIonline.com.